AF497880

STATUTS
ET
REGLEMENS
DU CORPS ET DE LA COMMUNAUTE'

Des Maîtres & Marchands Lapidaires-Diamantaires-Joalliers de la Ville & Fauxbourgs de Paris.

Imprimé par les Soins

Des Sieurs FRANÇOIS-HENRY, JEAN-ANDRE' STROMBERG, JEAN-ESTIENNE MOCQUIN, & LOUIS-THOMAS LE VASSEUR, Maîtres & Gardes en Charge desdits Corps & Communauté.

En l'Année M. DCC. XXXVII.

A PARIS,

De l'Imprimerie de la Veuve JEAN-FRANÇOIS KNAPEN, rue de la Huchette, près le Pont Saint-Michel, à l'Ange.

M. DCC. XXXVII.

ANCIENS STATUTS

DRESSEZ SOUS LE REGNE

DE SAINT LOUIS,

Qui ſe trouvent au plus ancien Regiſtre du Chaſtelet,
de l'an mil deux cens quatre-vingts-dix.

EXTRAIT DES ORDONNANCES
des Eſtalliers & des Pierriers de Pierres naturelles,
eſtans enregiſtrées en la Chambre du Procureur du Roy
noſtre Sire, au Chaſtelet de Paris, au Regiſtre intitulé
le premier Volume, Feüillet quarante-huit ; eſt écrit ce
qui enſuit.

PREMIEREMENT.

L peult eſtre Criſtallier à Paris qui veult ; c'eſt à
ſçavoir, Ouvriers de Pierres de Criſtal, & de toutes
autres manieres de pierre natureux, qui veult s'il
ſçait le meſtier, & il a de quoi. Pourtant qu'il ou-
vre aux Us & Coutumes du Meſtier, qui tels ſont.

I I.

Nul Criſtallier ne puelt avoir que ung appranty fors, ce ne ſont ci enfans nez de loyal mariage.

I I I.

Se Criſtallier prent Apprantis, il ne le peult prendre à moins de dix ans de ſervice, & cinq ſols pariſis que l'Appranty donne pour ſon meſtier, à prandre, ou à douze ans ſans argent.

I V.

Ly Maiſtre plus argent, & plus ſervice puelt-il prandre.

V.

Ly Maiſtre qui prent ſon Appranty ne peult „ne ne le doit prandre qu'il n'y ait deux preudhommes du meſtier preſents. Et ſi doit le Maiſtre payer cinq ſols à la Confrairie des Pierriers pour chacun de ſes Apprantis, avant que l'Appranty mette la main au meſtier deſſuſdit. Et ſi l'Appranty en doit payer cinq ſols à la Confrairie deſſuſdite avant qu'il mette main au meſtier deſſuſdit fait comme deſſus, après qu'il ſera parti de ſon Maiſtre qu'il l'aura apprins.

V I.

Nul Appranty qui ſe rachepte ou à qui ſon Maiſtre luy faſſe grace de luy quitter ſon ſervice à moins de termes deſſus deviſez, ne puelt ne doit avoir Apprantifs devant que les dix ans ne ſeront entierement accomplis: Car à moins de terme, ne ſemble-il pas aux preudhommes du meſtier qu'il le peuſt ſçavoir ſuffiſamment pour l'apprendre à aùltruy.

V I I.

Nul Apprenty ne ſe peult racheter, ne le Maiſtre vendre, & ſe le Maiſtre ne va outre mer, ou s'il ne giſt en langueur, ou il ne laiſſe le meſtier du tout; & l'Apprenty convient il ſervir les dix ans devant dits y au moins. Ly Maiſtre qui a prins Apprantis ne peult ny ne doibt prandre Apprenty devant que dix ans ſeront paſſez, ſi ſon Apprenty ne meurt ou il ne fournira le meſtier à touſiours.

V I I I.

Nulles femmes à Maiſtre qui tiengne le meſtier ne puelt après la mort de ſon ſeigneur ne peult prandre Apprenty: car il neſemble pas aux preudhommes du meſtier, que femme peult tant ſçavoir du meſtier qu'elle ſuffiſit à apprendre un enfant tant qu'il en feuſt Maiſtre : Car leur meſtier eſt moult foucif.

I X.

Nul ne ne puelt ne ouvrer de nuict ou meſtier devant ne à jour de Feſte, que convin de Ville faire.

X.

Quiconque meſprandra en aucuns des Articles deſſuſdits, il amandera, toutesfois qu'il y meſprendra de dix ſols pariſis au Roy.

X I.

Nul de peult ne ne doibt joindre, voirre en couleur de Criſtal par taincture, car l'œuvre en eſt faulce, & doibt eſtre caſſée & deſpecée, & le doibt amander au Roy, ſelon la valeur, & le jugement du Prevoſt de Paris.

X I I.

Et le meſtier devant dict a trois preudhommes Jurez, leſquels jurent ſur ſainctz, quel meſtier garderont bien & loyaulment ſelon leur poer & amandes devant dites, ont ly trois preudhommes devant dicts en chacun dix ſols pariſis, deux ſols de Paris pour leurs peines, & pour leur travail, & pour les miſes qu'ils mettent.

X I I I.

Ly Eſtalier donnent la Taille, & les autres redevances que ly autres Bourgeois de Paris donnent : mais le guet ne payerent ils oncques fors, puis que le Roy alla outre mer, ne payer ne le doivent il nie ce leur ſemble : Car leur meſtier eſt franc, ne il ne doivent rien, de vendre ne d'achepter, ne peage ne ton lieu, ne doivent il nul en nul terres des choſes de leur meſtier : Car leur meſtier n'appartient fors à la honnorance de Saincte Egliſe & des hauts hommes.

X I V.

Ly troiſieſme preudhommes qui gardent le meſtier deſſuſdit de par le Roy ne doivent point de guet pour le ſervice qu'ils y font de ſon meſtier garder, ne Cil qui ont 50 ans d'aage, Cil à qui leurs femmes giſent d'enfant, tant comme elles giſent ; mais ils ſont tenus de faire le ſçavoir à celui qui le guet garde de par le Roy.

SENTENCE

DU CHASTELET DE PARIS,

du vingt-trois Janvier 1331. faisant mention des susdits Statuts, & portant Reglement entre les Cristaliers.

A TOUS ceux qui ces présentes Lettres verront Jean de Millon Garde de la Prevosté de Paris, sachent tous, que l'an de grace mil trois cens trente-un le vingt-uniesme jour de Janvier, furent presents en Jugement pardevant Nous le Procureur du Roy nostre Sire, & Pierre Guerart, Jean Boulle, Pierre Loüet, & Pierre Boulle Maistres Gardes du Mestier de Cristallier & Pierres en la Ville de Paris, pourtant comme à chacun touchoit, & pouvoit toucher d'une part; & Durant Gaignepain, Jannot Dupuis, Jean de Fougeres, & Clement son frere, qui se disoient ouvriers & faiseurs de pierres de Bonté appellée Bourynes d'autre part, lesquels Procureur du Roy, & Maistres dudit Mestier de Cristallier, disoient & proposoient que de tres-grand Antiennetté pour le profit commun, & pour eschever toutes decevances & faulcetez, qui puissent ou pourroient eschoir en leurdit mestier, il avoit esté ordonné & par grande delibera-tion par un de nos prédecesseurs Prevost de Paris, qui pour le temps estoit une ordonnance pour ledit mestier, qui fut enregi-strée au Chastelet de Paris : En laquelle ordonnance entre les-quelles choses contenuës en icelle ordonnance, la clause dont la teneur s'ensuit. Nul ne peut, ne doibt joindre verre en cou-leur de Cristal par taincture, ne par painctture nulle, car l'œuvre en est faulce, & doibt estre cassée & despecée; & le doibt aman-der au Roy selon la volonté & le jugement du Prevost de Paris, & que de présent, qu'il fust ordonné en la maniere que dit est : celle ordonnance avoit esté gardée & maintenuë, & comme

bonne & loyale approuvée par les gens dudit meſtier, ſi commē
ils diſoient. Or diſoient que les deſſuſdits faiſeurs de pierres
verrines s'eſtoient efforcez de faire, & avoient fait pluſieurs
pierres de verre blanc fondeiches, & deſpuis taillées, auſquelles
ils avoient mis par deſſous tainčture, qui eſt appellée roſe ſem-
blable & contrefaites à la façon de pierre de Criſtal appellées
doubles en decevant le peuple, qui des doubles avoient affaire
pour mettre en œuvre, leſquelles pierres de verres & iceux
doubles eſtoient d'une même ſemblance : Jaçoit que les doubles vaulſiſſent mieux ſans comparaiſon, & en venant contre
la teneur dudit Regiſtre. Sy comme ils enit & diſoient que pluſieurs pierres de verres que les deſſuſdits voirreurs avoient fait
en la maniere que deſſus eſt dit : Leſdits Gardes dudit Meſtier
deſſuſdit, les avoient fait prandre par vertu de la Commiſſion
de nous à eux donnée, & fait apporter pardevers nous, leſquelles
ils diſoient & maintenoient eſtre faulces, pour ce qu'ils diſoient
eſtre teinčtes de faulce & de mauvaiſe couleur, parce que la
tainčture qui y eſtoit de couleur de roſe, devoit eſtre tainčte de
ſang de dragon, ſi comme ils diſoient dans pluſieurs autres raiſons, tendant afin que nous, leſdites pierres de vairres condemp-
niſſions comme faulces & tainčtes de faulce couleur, & deſpecer
& caſſer, & qu'il fuſt deſſendu aux deſſuſdits Verreus & autres
dudit Meſtier, que doreſnavant ne s'entremiſent de mettre tainčture de roſe eſdites pierres en la maniere que deſſus eſt dit, &
qu'ils fuſſent condamnez à amender au Roy noſtre Sire ce que
leur ſouffriroit à la fin & aux fins deſſuſdits; & au contraire, iceux
Verreux euſſent propoſé, que de Grand Antiennetté juſques à
ore, ils avoient uſé, fait & maintenu de faire pierre de vairres
fondeiſſes fonduës au cizel & au martel, & d'icelle tointure &
leur donner couleur de tainčture appellée roſe au veu & au ſceu
de ceux du Meſtier de Criſtalliers & des Pierriers, ſi comme ils
diſoient avec pluſieurs autres raiſons, tendant afin qu'à la Requeſte deſſuſdits, ne feuſt pas faičte, & qu'il ſi comme ils avoient
accouſtumé; ſi comme ils diſoient peuſſent faire doreſnavant
leſdites pierres fondeiſſes fonduës, au cizel & au martel de coul
leur de roze & mečtier en la maniere que deſſus eſt dit; & après
pluſieurs altercations entre leſdites parties; Nous, en leur pre-

fence, feifmes venir pardevant Nous plufieurs Orfevres de la
ville de Paris, connoiffans en icelles chofes, & iceulx fifmes jurer
aux faints Evangiles de Dieu, & leur demandifmes par leurs fermens, Si lefdits Voirreurs pouvoient par raifon & pour le profit
commun faire lefdites pierres de voirre, tainctes de coulleur de
rofe, ou non ; Lefquels Nous rapporterent, & par leur ferment,
Que lefdits Voirreux pouvoient bien faire pierres de voirres ver-
meilles fonduës au cizel, fans fontes, tainctes de fang de dragon,
& ne pouvoieut tailler ne joindre nulles, & ne les pouvoient faire
que rondes de verre blanc, fans y mettre point de roze; & s'ils les
faifoient autres, ils feroient faulfes & mauvaifes, Si comme lefd.
Orfevres le nous affirmoient par leurfd. fermens: Et ce fait ledit
Procureur du Roy notre Sire & lefd. Maiftres dudit métier de
Criftallier & des Pierriers nous duffent requis, que nous leur feif-
fions ladite Requefte : Pourquoy nous ouyz lefdites parties en
tout ce qu'ils vouldroient dire. VEU ledit Regiftre à nous ap-
porté defdits Criftalliers & Pierriers, oüy le rapport defdits Orfevres, confideré frauldes & decevance qui pourroient eftre &
advenir dorefnavant aud. Métier des Verreniers, fi efdites pierres de voirres mettoient ladite coulleur de roze , & tout ce qui
faifoit à confiderer deifmes & prononçafmes & prononçons, que
lefdits Verriniers feroient & pourroient faire fi il leur plaift ,
pierres de voirre fonduës fenduë au cizel & au martel fans
fonds, & les pourront taindre de fang de dragon tant feulement,
fans y mettre tainture de roze , & ne les pourront tailler ne
joindre, & fi les fond autre ce elles feront defpeciées & con-
damnées comme faulces & amander au Roy, & défendeifmes
aufdits voirreux, que dorefnavant ils ne s'entremiffent de faire
des pierres & voirres fonduz, fenduës au cizel & au martel, &
icelle teindre de teinture de roze ; Et iceux condempnafmes à
amender au Roy noftre Sire, ce qu'ils en avoient fait la tau-
xation des amandes pardevers Nous; En tefmoing de ce, Nous
avons fait mettre à ces Lettres le Scel de la Prevofté de Paris.
Ce fut fait en Jugement l'an & jour deffufdits. Ainfi figné.

Collationné fur femblable. Signé, DROÜART.

EXTRAIT DE L'ORDONNANCE
de Henry II. à Fontainebleau le quatorziéme Janvier
mil cinq cent quarante-neuf, Article dix-sept.

LES Maiſtres Jurez & Gardes de l'Orfevrerie de Paris, feront leurs viſitations en la maniere accouſtumée, & d'icelles, feront leur rapport pardevant les Generaux de nos Monnoyes à Paris, ſur ce qu'ils auront trouvé, tant contre les Orfevres, Joüalliers, Merciers, Lapidaires, qu'autres, pour en eſtre fait jugement, & y être pourveu par leſdits Generaux comme de raiſon ; Et quant à ceux des autres villes, ils feront leur rapport pardevant les Juges ordinaires en la preſence des Gardes des lieux où il y a monnoye.

CE SONT

LES ARTICLES, STATUTS

ET ORDONNANCES,

QUE LE CORPS ET COMMUNAUTE' des Maiſtres Lapidaires, Tailleurs, Graveurs & Ouvrants en toutes ſortes de Pierres precieuſes, fines & naturelles, en la Ville de Paris; Supplient tres-humblement la Majeſté du Roy, leur confirmer, ratifier & aprouver par Edict & Ordonnances Roïaux, pour eſtre gardées & obſervées inviolablement en augmentant leurs anciennes Ordonnances deſquelles l'extraict, deuëment collationné, eſt cy attaché tant afin d'obvier & empeſcher les fraudes, décevances, abus & malverſations, qui ont eſté faites par le paſſé, & pourroient eſtre continuées à l'advenir, que afin auſſi qu'ils puiſſent en exerçant leurdit Meſtier, vivre ſous quelque bonne Police, Ordre & Reglement, comme ont accouſtumé faire les Maiſtres de tous les autres Meſtiers de la Ville de Paris.

PREMIEREMENT.

IL ne ſera loiſible à aucun de prendre & uſurper le nom & qualité de Maiſtre Lapidaire, Tailleur, Graveur, & ouvrant en toute ſorte de Pierres precieuſes, fines & naturelles, en la Ville de Paris, tenir Boutique, travailler ou faire travailler ſous ſoy, percer, tourner, chever, ni aucu-

A

nement ouvrer Perles , criſtal , pierres fines & naturelles, qu'il ne ſoit receu Maiſtre , ayant à cette fin & au prealable fait apprentiſſage & chef-d'œuvre , ſur peine de confiſcation tant des matieres, ouvrages, qu'outils, & de dix eſcus d'amende.

II.

Aucun ne ſera receu à la Maiſtriſe dudit Meſtier, s'il n'a eſté apprentif ſous un Maiſtre dudit Meſtier, en la Ville de Paris, le temps & eſpace de ſept ans entiers, & fait chef-d'œuvre, tel qu'il lui aura eſté preſcrit par les Jurez dudit Meſtier, fors & excepté les fils de Maiſtres, qui feront ſeulement une ſimple & ſommaire experience.

III.

Avant que bailler, par les Jurez dudit Meſtier, chef-dœuvre aux Compagnons qui voudront aſpirer à la maiſtriſe dudit meſtier, Leſdits compagnons aſpirants à ladite maiſtriſe, feront tenus faire apparoir aux Jurez de leur brevet d'apprentiſſage, avec certificat des Maiſtres qu'ils auront ſervi, de leurs vies, mœurs, Religion & preud'hommie: Et encore outre ce, feront tenus leſdits Jurez de s'en enquerir & informer, & ſur le rapport qu'ils en trouveront, leur bailler chef-d'œuvre, ou les refuſer.

IV.

Tous prétendans à la maiſtriſe dudit meſtier, par Lettres de don du Roy, quelques Lettres qu'ils puiſſent obtenir, feront tenus faire chef-d'œure, au deſir deſdits Jurez.

V.

Que leſdits Jurez, feront tenus dedans vingt-quatre heures, après la perfection des chefs-d'œuvres faits par les compagnons aſpirans à la maiſtriſe, rapporter leſdits chefs-d'œuvres en la Chambre, & pardevant le Procureur du Roy au Chaſtelet de Paris, pour recevoir à ladite maiſtriſe ceux qui auront fait leſdits chefs-d'œuvres, & prendre d'eux le ſerment à ce requis.

VI.

Les Maiſtres dudit meſtier ne pourront avoir plus d'un apprentif, & à moindre temps que de ſept ans : neantmoins, afin que les Maiſtres ne demeurent dépourveus d'apprentifs, ils

pourront fur la fin de la fixiéme année de leurs anciens apprentifs en prendre un autre, pour ledit temps & efpace de
fept ans entiers ; & feront tenus lefdits Maiftres, auparavant que de mettre en befogne lefdits apprentifs, les faire
obliger pardevant deux Notaires, fur peine de deux efcus
d'amende.

VII.

Seront tenus les Maiftres dudit Meftier, quinze jours après
qu'ils auront fait obliger leurfdits apprentifs, montrer les
Brevets d'apprentiffage aux Jurez dudit Meftier, & les faire
enregiftrer en la Chambre dudit Procureur du Roy audit
Chaftelet, fur peine de nullité defdites obligations, & de
tous dépens, dommages & interefts envers lefdits apprentifs,
& de deux efcus d'amende.

VIII.

Pour quelque caufe & occafion que ce foit, les apprentifs
dudit Meftier ne quitteront le fervice de leur Maiftre, que
tout le temps de leur apprentiffage ne foit finy & expiré ; finon, en cas de deceds de leurs Maiftres & Veufves ; ou que
par maladie ou pauvreté, les Maiftres ne puiffent nourrir
leurfdits apprentifs : De quoi, en ce cas lefdits apprentifs
advertiront les Jurez dudit Meftier auparavant que d'en-
trer en la maifon d'aucun autre Maiftre, pour continuer leurfdits apprentiffages, afin d'y eftre tenu la main par les Jurez,
qu'il ne s'y commette aucune fraude.

IX.

Lefdits apprentifs, leurs apprentiffages finis, auparavant
que venir à la Maiftrife, ferviront deux ans leurs Maiftres,
avec lefquels ils auront fait leurfdits apprentiffages, ou autres
Maiftres dudit Meftier, à leur choix & option.

X.

Les Maiftres dudit Meftier pourront apprendre à leurs enfans naturels & legitimes leurdit Meftier, fans qu'ils tien-
nent lieu d'apprentifs ; outre, & par deffus lefquels, ils pourront avoir un apprentif, en la forme & maniere que deffus ;
toutesfois fi les enfans des Maiftres apprennent leurfdits Mef-
tiers ailleurs qu'en la maifon de leurs peres, ils tiendront lieu
d'apprentifs.   A ij

XI.

Pour obvier aux fraudes, abus, déguifemens & malverfations qui fe font ès Pierres precieufes, befognes, ouvrages & matieres dudit Meftier, mal prifes, perduës & dérobées, afin que cy après on ne les puiffe changer, ny déguifer de leurs premieres tailles ou nature ; tous Maiftres dudit Meftier tiendront Boutique ouverte fur ruë, fans toutesfois qu'ils en puiffent tenir plus d'une.

XII.

Les Maiftres dudit meftier ne pourront avoir plus de deux Rouës tournantes, & plus de trois Moulins, à peine de confifcation defdites rouës & moulins, & de dix efcus d'amende.

XIII.

Les Maiftres dudit Meftier ne pourront bailler à travailler à aucuns Compagnons, en maifons ou en chambres, dedans la Ville & Fauxbourgs ; ains feulement en leurs Boutiques & maifons, fur peine de confifcation, tant des matieres & ouvrages, que d'outils, & de fix efcus d'amende.

XIV.

Ne pourront les ferviteurs & Compagnons dudit Meftier laiffer leurfdits Maiftres, & fortir hors de leur fervice, fans le gré & confentement de leurfdits Maiftres, ou que le temps pour lequel ils feroient obligez, ou auroient promis fervir lefdits Maiftres foit expiré.

XV.

Pareillement, ne pourront les Maiftres dudit Meftier fouftraire les ferviteurs & Compagnons les uns des autres, ny les retirer, & leur bailler à travailler, qu'au préalable ils ne fe foient enquis des Maiftres chez lefquels lefdits ferviteurs & Compagnons auront fait leur dernier fervice, des caufes pour lefquelles ils auront laiffé leurfdits Maiftres, ou que lefdits ferviteurs & Compagnons n'ayent certificat par efcrit defdits Maiftres d'avec lefquels ils feront fortis, fur peine de quatre efcus d'amende.

XVI.

Les Compagnons dudit Meftier atteints, convaincus & condamnez de larcin, ou autrement repris de Juftice, feront incapables d'aspirer à la Maistrise dudit Mestier.

XVII.

Ne pourront les Forains exposer en vente en la Ville, Faux-bourgs, Prevosté & Vicomté de Paris, quelques sortes de Pierres precieuses & naturelles, tant brutes que taillées, ni perles, que préalablement elles n'ayent esté visitées par les Jurez dudit Mestier; sur peine de vingt escus d'amende, moitié au Roy, & l'autre moitié ausdits Jurez : lesquels seront tenus incontinent & sans delay proceder à ladite visitation, sur peine de pareille amende, applicable au Roy : & à cet effet s'adresseront les Forains en la maison de l'un desdits Jurez.

XVIII.

Il ne sera loisible à aucun Maistre dudit Mestier d'achepter desdits Forains lesdites Pierres brutes ou taillées, sinon visitation préalablement faite par lesdits Jurez, & presente la Commnauté dudit Mestier, deuëment appellée par le Clerc dudit Mestier, & acheptées, seront loties entre les Maistres dudit Mestier, qui en voudront avoir en payant comptant, sur peine de confiscation, & de dix escus d'amende.

XIX.

Pierrres brutes ou taillées, & Perles ne seront venduës que par les Maistres dudit Mestier, Joüailliers & Orfevres tenans Boutique sur ruë, sur peine de confiscation, & de vingt escus d'amende.

XX.

Sans l'aveu des Jurez dudit mestier, aucunes BAGUES, ou pierreries ne seront portées secretement sous cappes, manteaux, tabliers, garderobbes & petits coffrets fermans à clef, par qui que ce soit, aux Boutiques, chambres & autres lieux, sur peine de confiscation, & de dix escus d'amende.

XXI.

Et d'autant que plusieurs abus se sont cy-devant commis & se commettent encore de jour en jour, par plusieurs personnes qui se meslent de colporter, vendre & regratter pierreries, sans avoir connoissance ni de taille, ni à la proprieté d'icelles; mesme pour éviter aux larcins qu'ils commettent journellement, qui ne se peuvent, par le moyen du dé-

guifement qui eft fait defdites Pierreries par lefdits colpor-
teurs & revendeurs, averer & découvrir: Deffenfes font faites à toutes perfonnes de quelque qualité & condition qu'ils
foient, de vendre, ne colporter par la Ville & Faux-bourgs
de Paris, ni aucuns endroits d'icelles, aucunes fortes de pierres, mefmes contrefaites, ni perles, fur peine de confifcation & de punition corporelle.

XXII.

Les Veufves des Maiftres dudit Meftier joüiront pendant
leur viduité des droits & privileges dudit Meftier: Et encore
époufant un Compagnon d'icelui, lequel ait efté apprentif
fept ans, fervy les Maiftres quatre ans, & foit certifié eftre
de bonne vie; il fera affranchy & difpenfé de faire chef-
d'œuvre, pour parvenir à la Maiftrife.

XXIII.

Advenant le deceds de l'un des Maiftres dudit Meftier, où
de leurs femmes, tout le Corps de la Communauté dudit
Meftier affiftera au convoy;& en iceluy feront portées quatre
torches de cire, chacune pefant deux livres, & quatre cier-
ges chacun d'une livre, aux dépens de toute la Communauté
dudit Meftier.

XXIV.

Où il adviendroit qu'aucuns Maiftres dudit Meftier, ou
leurs Veufves decedaffent fans moyens, ils feront inhumez
aux defpens de tous les Maiftres dudit Meftier.

XXV.

Audit Meftier, pour faire garder, obferver & entretenir
les prefentes Ordonnances, y aura quatre Jurez; lefquels feront chacun deux ans feulement en cette charge, dont deux
d'iceux feront éleus tous les ans par la Communauté dudit
Meftier, pardevant & en la Chambre dudit Procureur du Roy
audit Chaftelet; Et feront le ferment és mains dudit Procureur du Roy, de bien & fidellement exercer leur charge, &
faire garder lefdites Ordonnances; par lefquels Jurez af-
fiftez d'un Commiffaire ou Sergent dudit Chaftelet feront
faites toutes vifitations & faifies néceffaires pour l'entrere-
nement defdites Ordonnances & de leurdit Meftier, tant en

la Ville de Paris, que Faux-bourgs ; sans que lesdits Jurez soient sujets de demander congé, permission & licence de ce faire à autre Juge qu'au Prevost de Paris ou ses Lieutenans, & sans qu'ils soient tenus faire poursuite, & puissent estre poursuivis ailleurs que pardevant ledit Prevost de Paris ou sesdits Lieutenans, attendu qu'il est question de Police, la connoissance de laquelle appartient seulement au Prevost de Paris, ou sesdits Lieutenans.

XXVI.

Procedant par les Jurez dudit Mestier aux visitations, ils saisiront sur le champ les ouvrages & besognes de leur Mestier, où ils trouveront abus & contravention aux presentes Ordonnances, afin de representer le tout, & en faire le rapport à Justice ; lequel ils seront tenus faire pardevant ledit Procureur du Roy dedans vingt-quatre heures.

Regiſtrez, oüy le Procureur du Roy, à Paris, en Parlement le vingt-septiesme jour de Mars mil cinq cens quatre-vingt-cinq, Signé, DE HEVEZ.

LETTRES PATENTES
DU ROY HENRY III.
EN FORME DE CHARTRE,
pour l'authorisation des Satuts,
dont copie est cy-dessus.

HENRY, PAR LA GRACE DE DIEU, Roy de France & de Pologne : A tous presens & à venir. SALUT ; sçavoir faisons : Nous avons receu l'humble supplication de nos bien-aimez, les Maistres Lapidaires, Tailleurs de Diamans, Rubis, Saphirs, Emeraudes, & toutes autres sortes de pierres precieuses & naturelles ; & aussi Tailleurs de Camayeulx, Graveurs & Cristalliers, ouvrans esdites pierres precieuses & naturelles de nostre bonne Ville & Cité de Paris, & Faux-bourgs d'icelle ; Contenant que le vingt-huictiéme jour de Mars dernier passé, ils nous auroient fait presenter Requeste à ce que sous quelque bonne Police & Reglement, ils peussent & leurs successeurs exercer leurdit Art & Mestier, & en joüir paisiblement comme ils auroient cy-devant fait selon leurs anciennes Ordonnances, & comme font ceux des Mestiers Jurez de ladite Ville & Faux-bours de Paris, sans qu'il soit commis aucune malversation au préjudice dudit Art & Mestier, il Nous pleust suivant le vingt-sixiéme article de nostre Edict du mois de Decembre 1581. contenant l'establissement des Maistrises de tous Arts & Mestiers, & en augmentant leurs antiques Ordonnances & Privileges à eux & leurs predecesseurs audit Art & Mestier, concedés & accordés par le feu Roy Saint Louïs, & confirmés par le Roy Philippes de Vallois, & sur ce leur octroyer nos Lettres convenables, laquelle Requeste Nous aurions renvoyée au Prevost de Paris ou son Lieutenant Civil, pour appellé notre Procureur in-

former de la commodité ou incommodité, utilité ou domma-
ge, que Nous & le Public pourrions avoir en accordant aux
ſupplians le contenu en leur Requeſte ; & ſur ce Nous donner
advis ce qu'ils auroient fait, Nous ſupplians leſdits Maiſtres leur vouloir accorder leurdite Requête, parquoy & aprés
avoir fait voir en noſtre Conſeil les Privileges & Ordonnances deſdits feu Rois S. Louïs ET PHILIPPES DE VALOIS,
octroyez aux predeceſſeurs deſdits Supplians audit Art &
Meſtier, noſtredit Edit, & les nouveaux articles concernant
icelui Meſtier : ladite Requeſte, information & advis deſdits
Lieutenant Civil, & noſtre Procureur en la Prevoſté de Paris, le tout cy-attaché ſous le contre-ſcel : de l'advis de nôtre
Conſeil, avons ordonné & ordonnons ; Que ledit Art & Meſtier de Lapidaires, Tailleurs de Diamans, Rubis, Saphirs,
Emeraudes, & de toutes autres ſortes de pierres precieuſes
& naturelles ; & auſſi Tailleurs de Camayeux, Graveurs &
Criſtaliers ouvrans eſdites pierres precieuſes & naturelles de
noſtre bonne Ville & Cité de Paris & Faux-bourgs d'icelle,
ſera doreſnavant Juré, & lequel Nous avons de noſtre cer-
taine ſcience, grace ſpeciale, pleine puiſſance & authorité
Royale, fait & creé, faiſons & creons Juré en ladite Ville &
Faux-bourgs de Paris, voulons & nous plaiſt, qu'à cette fin
ledit Art & Meſtier ſoit doreſnavant fait & exercé par Maiſtres Jurez d'iceluy Art & Meſtier, ſuivant & conformément
leſdits Articles, contenans les anciens & modernes Statuts &
Ordonnances & Privileges dudit Art & Meſtier cy attachez,
leſquels nous avons confirmez, authoriſez, approuvez, concedez & octroyez ; confirmons, authoriſons, approuvons,
concedons & octroyons auſdits Supplians par ceſdites preſentes pour eſtre inviolablement gardez & entretenus ſur les peines y contenuës & portées par notredit Edit, & en joüir &
uſer par leſdits Supplians & leurs ſucceſſeurs audit Art & Meſtier, pleinement, paiſiblement & perpetuellement, & tant & ſi
avant, qu'ils en ont par cy-devant joüy & uſé, & qu'il eſt contenu, tant eſdits anciens & modernes Statuts, Ordonnances
& Articles concernans le fait & Police dudit Meſtier, creé par
noſtreEdict. SI DONNONS EN MANDEMENT au Pre-

voſt de Paris ou ſon Lieutenant , & à tous nos autres Juſticiers
& Officiers, qu'il appartiendra, que de nos preſentes Con-
firmations, Approbation & Octroy, ils faſſent chacun en droit
ſoy, lire, publier & enregiſtrer ; & leſdits Supplians & leurs
ſucceſſeurs audit Art & Meſtier , joüir pleinement, paiſiblement & perpetuellement deſdits Statuts, Ordonnances & Articles, ſans en ce , leur faire mettre ou donner, ne ſouffrir
leur eſtre fait, mis ou donné ores, ne pour l'advenir aucun
trouble, deſtourbier ne empeſchement : & lequel ſi fait, mis
ou donné leur avoit eſté ou l'eſtoit coſtent & mettent incontinent & ſans delay au premier eſtat, & deu nonobſtant oppo-
ſitions ou appellations quelconques, pour leſquelles & ſans
y prejudicier, ne voulons eſtre differé : CAR tel eſt notre
plaiſir ; Nonobſtant quelconques Ordonnances, Reſtrictions,
Deffenſes & Lettres à ce contraires : Et afin que ce ſoit choſe
ferme & ſtable à touſiours , Nous avons fait mettre noſtre
ſcel à ceſdites preſentes, ſauf en autres choſes noſtre droit ,
& l'autruy en toutes. DONNE' à Saint Germain en Laye au
mois de Novembre l'an de grace mil cinq cens quatre-vingt
quatre, & de noſtre Regne le unzieſme. *Et ſur le reply eſt eſcrit,*
Par le Roy en ſon Conſeil , & plus bas , Signé , DOLU , &
ſcellé en cire verte ſur lacs de ſoye. Et à coſté.

*Regiſtrées, Oüy le Procureur General du Roy, à Paris en
    Parlement, le vingt-ſeptiéme Mars , l'an mil cinq
    cens quatre-vingt cinq.*

Et encore à coſté ,

Viſa Contentor.

AUTRES LETTRES PATENTES

DU ROY HENRY III.

'Adreſſées au Parlement de Paris, pour la verification des precedentes, & enregiſtrement deſdits Statuts.

HENRY par la grace de Dieu Roy de France & de Pologne: A nos amez & feaux Conſeillers, tenans notre Cour de Parlement à Paris: Salut. Nous vous mandons, commettons; & tres-expreſſément enjoignons par ces preſentes, recevoir nos bien aimez les Maiſtres Lapidaires, Tailleurs de Diamans, Rubis, Safirs, Emeraudes, Camaieulx, & toutes ſortes de pierres precieuſes & naturelles, Graveurs & Criſtaliers ouvrans eſdites pierres précieuſes & naturelles en notre bonne ville, Cité & Fauxbourgs de Paris, à vous preſenter les Lettres de Chartre par eux de nous obtenuës au mois de Novembre dernier, cy-attachées ſous notre contre-ſcel; Et ce faiſant proceder à la Verification & entherinement d'icelles, & les faire jouyr de leur contenu pleinement & paiſiblement, tout ainſi que ſi leſd. Lettres vous avoient été adreſſées, & nonobſtant l'erreur & défaut de leur adreſſe, que ne leur voulons aucunement nuire & préjudicier, & dont en tant que beſoin ſeroit, les avons Relevé & Relevons de grace ſpeciale par ceſdites preſentes: CAR tel eſt notre plaiſir. DONNE' à Paris le unzieſme jour de Janvier, l'an de grace mil cinq cent quatre-vingt-cinq. Et de notre Regne le unzieſme.

Signé, Par le Roy à la relation du Conſeil, THIELMENT. Et à côté eſt écrit:

Regiſtrées; Oui le Procureur General du Roy à Paris en Parlement, le 27 jour de Mars 1585. Signé, DE HEVEZ.

ARREST DU PARLEMENT
DE PARIS,
PORTANT VERIFICATION DES LETTRES
Patentes cy-deſſus, & enregiſtrement deſdits Statuts.

VEU par la Cour les Lettres Patentes du Roy, en forme de Chartre, données à Saint Germain en Laye au mois de Novembre dernier, paſſé, ſignées ſur le Reply ; Par le Roy en ſon Conſeil, Dolu, par leſquelles ledit Seigneur confirme, ratifie & approuve les Privileges octroyez par ſes Predeceſſeurs aux Maiſtres Lapidaires, Tailleurs de Diamans, Rubis, Safirs & autres ſortes de pierres précieuſes & naturelles, Tailleurs de Camaieulx, & Graveurs de cette Ville & Faux-bourgs de Paris, & pareillement les nouveaux Statuts & Reglemens dudit Meſtier attacheés auſ dites Lettres ſous le contre-ſcel. Autres Lettres Patentes dudit Seigneur, données à Paris le unzieſme Janvier dernier, Signées par le Roy, à la Relation du Conſeil, Thielment, par leſquelles il eſt mandé à ladite Cour, proceder à la Verification deſdites Lettres de Confirmation, tout ainſi que ſi elles lui eſtoient adreſſées. L'Arrêt de ladite Cour du 8 Fevrier dernier. Information faite ſuivant icelui à la Requeſte du Procureur General du Roy par l'un des Conſeillers d'icelle à ce Commis. La Requeſte preſentée à ladite Cour par leſdits Maiſtres Lapidaires & Tailleurs, afin de les verifier & entheriner leſdites Lettres : Les Concluſions ſur ce dudit Procureur General auquel leſdites Lettres & Information été communiquées. Tout conſideré. LADITE COUR a ordonné que leſdites Lettres Patentes, Articles & Statuts cy-attachez, ſeront enregiſtrez en icelle, Ouy le Procureur General du Roy, pour eſtre gardées & entretenuës par leſdits Maiſtres Lapidaires & Tailleurs, & jouyr de l'effet & contenu en iceux ſelon leur forme & teneur. Fait en Parlement le vingt ſeptieſme jour de Mars l'an 1585. Signé, MAIGNEN.

SENTENCE

DU CHASTELET, POUR L'ENREGISTREMENT des susdits Statuts.

A TOUS ceux qui ces presentes Lettres verront : Antoine du Prat, Chevalier de l'Ordre du Roy, Seigneur de Nantoüillet, Precy, Rozay, & de Formenté, Baron de Thiers, Thoury & de Viteaux, Conseiller de sa Majesté, son Chambellan ordinaire, & Garde de la Prevosté de Paris: SALUT; sçavoir faisons qu'aujourd'hui datte de ces presentes, veu la requeste à nous presentée & baillée par écrit par les Maistres & Jurez Lapidaires, Tailleurs, Graveurs & Ouvriers en toutes sortes de pierres precieuses, fines & naturelles, de cette ville de Paris; Disant, que pour le reglement de Police de leurdit Mestier, ils auroient obtenu Lettres, tant de confirmation des anciennes, que d'augmentation des modernes Ordonnances de leurdit Mestier attachées sous le contre-scel de la Chancellerie, à nous addressantes, du tout conformes à nostre avis, attaché sous ledit contre-scel; desquelles ils desiroient l'entherinement, nous requerant, qu'il nous pleust entheriner lesdites Lettres selon leur forme & teneur; & à cette fin ordonner, qu'elles seroient leuës, publiées & enregistrées, pour joüir par lesdits Supplians du contenu en icelles : Consideré laquelle requeste aurions ordonné ladite requeste estre montrée au Procureur du Roy en la Cour de ceans : Nous du consentement dudit Procureur du Roy, auquel pour & au nom dudit sieur le tout a été monstré & communiqué Avons lesdites Lettres entherinées, & icelles entherinons, selon leur forme & teneur, & à cette fin, ordonnons qu'elles seront leuës, publiées, & enregistrées pour joüir par lesdits Supplians du contenu en icelles; en témoin de ce, Nous avons fait mettre à ces presentes le scel de ladite Prevosté de Paris. Ce fut fait par noble homme & sage, Maistre Anthoine Seguier, Conseiller du Roy nostre Sire, & Lieutenant Civil de ladite Prevosté & Vicomté de Paris, le Lundy dix-septiesme jour de Decembre, l'an mil cinq cens quatre-vingt-quatre.

Signé, DROUART.

ARREST
DU CONSEIL D'ESTAT
DU ROY,

PORTANT DEFENSES A TOUS Marchands Forains & autres, d'apporter & vendre aucunes Pierreries & Diamans taillez & façonnez en ce Royaume, sinon en temps de Foire, à peine de mille livres d'amende, & de confiscation ; Et avant qu'elles soient exposées en vente, ordonne Sa Majesté, qu'elles seront visitées par les Jurez du Mestier, suivant les Statuts : Et en cas de contravention, les Parties sont renvoyées pardevant le Prevost de Paris, & par appel au Parlement.

Extrait des Registres du Conseil d'Estat.

SUR la Requeste présentée au Roy en son Conseil par les Maistres, Jurez & Gardes Lapidaires de Paris : Contenant que depuis quelques années, plusieurs Estrangers & Marchands Forains, se seroient tellement émancipez en France, d'y faire traficq, & vendre quantité de pierreries & diamans taillez & façonnez, qu'il s'est reconnu que lesdits Marchands enlevent par chacun an plus de huit cens mille livres hors du Royaume, pour la taille & façon desdites pierreries & diamans seulement ; ce qui n'arriveroit si les Ordonnances estoient bien observées, d'autant que lesdits Lapidaires de Paris, qui sont en grand nombre, sans comprendre ceux des autres Villes, est plus que suffisant pour faire ladite taille & façon desdits diamans & pierreries qui s'em-

ployent en cedit Royaume, & la plûpart defquels ne peuvent gagner leur vie, à caufe du traficq que font lefdits Marchands Forains & Eftrangers : requerant lefdits Supplians,
attendu que lefdits Marchands Forains, qui ne doivent apporter en France que des pierres brutes, telles qu'elles viennent des Pays Eftrangers, & ce au temps de Foire feulement,
à préfent ils les font faire hors de France, & les viennent vendre librement toutes taillées & façonnées en ladite ville dePa-
ris en la préfence defdits Supplians ; qu'il plût à Sa Majefté
faire deffenfes pour l'avenir à tous Marchands Forains,
Eftrangers & autres de quelque condition qu'ils foient, de
plus apporter ne vendre aucunes pierreries & diamans taillez
& façonnez en ce Royaume, finon en temps de Foire feulement, fur peine de trois mille livres d'amende, & d'eftre dé-
clarées confifquées où elles pourront eftre prifes, faifies &
découvertes, le tout applicable ; fçavoir, la moitié à *Sa Ma-*
jefté, & l'autre moitié au Dénonciateur & Maiftres Lapidaires
qui feront les pourfuites à leurs dépens : VEU ladite Requête, les Statuts & Ordonnances faites en faveur defdits
Maiftres, Jurez & Lapidaires de Paris, Regiftrez en là Cour
de Parlement le 27. Mars 1585. les Lettres de Confirmation
& Arrêts de Vérification d'icelles du 11. Décembre 1600.
Ouy le Rapport du Commiffaire à ce député : & tout confideré. LE ROY EN SON CONSEIL, ayant égard à ladite Requête, a fait inhibitions & deffenfes à tous Marchands
Forains, Eftrangers & autres, d'apporter & vendre aucunes
pierreries & diamans taillez & façonnez en ce Royaume,
finon en temps de Foire, à peine de mille livres d'amende &
de confifcation ; Et avant qu'elles foient expofées en vente,
Ordonne Sa Majefté qu'elles feront vifitées par les Jurez dudit Meftier, fuivant les Statuts, lefquels elle veut & entend
eftre entierement gardez & obfervez fur les peines y contenuës ; Et en cas de contravention, Sa Majefté a renvoyé les
parties pardevant le Prevoft de Paris, & par appel en la
Cour de Parlement. FAIT au Confeil d'Eftat du Roy,
tenu à Paris le quatriefme jour de May mil fix cens treize.
Signé, BAUDOÜIN.

COMMISSION

DU GRAND SCEAU, ADRESSE'E AU Parlement de Paris, pour l'enregiftrement de l'Arrêt du Confeil d'Etat ci-deffus tranfcrit.

LOUIS par la grace de Dieu, Roy de France & de Navarre : A nos amez & feaux Confeillers, les Gens tenant notre Cour de Parlement à Paris, Salut. Par Arrêt de notre Confeil ce jour-d'hui donné, dont l'extrait eft ci-attaché fous le contre-fcel de notre Chancellerie, fur la Requête prefentée en notredit Confeil par les Maîtres, Jurés & Gardes Lapidaires de notre bonne Ville de Paris, Nous avons pour les confiderations y contenuës, fait & faifons par ces prefentes, inhibitions & défenfes à tous Marchands Forains, Etrangers & autres, d'apporter & vendre aucunes pierreries & diamans taillés & façonnés en ce Royaume, finon en tems de Foires, à peine de mille livres d'amende, & de confifcation ; & avant qu'elles foient expofées en vente, qu'elles feront vifitées par les Jurés dudit Meftier, fuivant les Statuts, que nous voulons eftre entierement gardés & obfervés fur les peines y contenuës : Et en cas de contravention, nous avons renvoyé les parties pardevant notre Prevôt de Paris, & par appel pardevant vous. Si vous mandons que du contenu cy-deffus, vous ayez à faire fouffrir & laiffer jouir lefdits Maîtres Lapidaires de notredite Ville de Paris ; & en cas de contravention, voulons les contrevenans eftre affignés pardevant notre Prevôt de Paris ou fon Lieutenant, & par appel pardevant vous : Enjoignons à notre premier Huiffier ou Sergent fur ce premier requis, faire pour l'execution tant dudit Arrêt que des prefentes, tous exploits, fignifications, défenfes & affignations requifes & neceffaires, fans demander *placet, vifa ne pareatis* : CAR tel eft notre plaifir. DONNE' à Paris le quatriéme jour de May, l'an de grace mil fix cens treize, & de notre Regne le troifiéme ; Et plus bas eft écris, Par le Roy en fon Confeil. Signé, BAUDOUIN.

ARREST DU PARLEMENT,

PORTANT QUE LES LAPIDAIRES JOUIRONT de l'effet & contenu ès Arrests du Conseil & Commission cy-dessus.

VEU par la Cour la Requeste à elle presentée par les Maistres, Jurez & Gardes Lapidaires de Paris; Contenant que par Arrest du Conseil d'Estat du Roy, du quatriesme May dernier, donné sur leur Requeste, deffenses auroient esté faites à tous Marchands Forains, Estrangers & autres, d'apporter & vendre aucunes pierreries & diamans taillez & façonnez en ce Royaume, sinon en temps de Foire, à peine de mil livres d'amende & de confiscation : & avant que d'estre exposez en vente, qu'elles seront visitées par les Supplians, suivant les Statuts dudit Mestier, que ledit Seigneur entend estre entierement gardées & observées sur les peines y contenuës : & en cas de contravention, estre les parties renvoyées pardevant le Prevost de Paris, & par appel en ladite Cour : sur lequel Arrêt ils auroient obtenu Commission à elle addressante pour les faire joüir du contenu en icelui, ce qu'ils requerroient. VEU ledit Arrêt & Commission, Conclusions du Procureur General du Roy, Tout consideré. LADITE COUR a ordonné & ordonne que les Supplians joüiront de l'effet & contenu audit Arrest du Conseil d'Estat du Roy du quatriesme May dernier; Et en consequence d'icelui, & de la Commission à elle addressante, a réïteré & réïtere les défenses y contenuës; Et en cas de contravention, ordonne pareillement que sur icelle les contrevenans seront assignez pardevant le Prevost de Paris, & par appel en ladite Cour. FAIT en Parlement le 5 jour jour de Juin 1613. Signé, DU TILLET.

LETTRES PATENTES.

PORTANT CONFIRMATION DES
Privileges, Statuts, Ordonnances, Franchiſes &
Libertez touchant l'Art des Maiſtres & Marchands
Lapidaires Joailiers Tailleurs de Diamans, Rubis,
Safirs, & de toutes autres ſortes de Pierres pré-
cieuſes, &c.

Du 3. Mars 1660.

LOUIS, PAR LA GRACE DE DIEU, ROY DE FRANCE ET DE NAVARRE : A tous pré-ſens & à venir ; Salut. Nos chers & bien-amez les Jurez-Maiſtres Lapidaires, Tailleurs de Diamans, Rubis, Safirs, & de toutes autres ſortes de Pierres précieuſes & naturelles, Tail-leurs de Camayeulx, Graveurs & Criſtalliers ouvrans eſdites Pierres précieuſes & naturelles, & Perceurs de Perles de noſtre bonne Ville, Prevoſté & Vicomté de Paris, Nous ont fait remontrer que nos Prédeceſſeurs Rois leur ont cy-devant donné & octroyé pluſieurs beaux Privileges, Statuts, Ordon-nances, Franchiſes & Liberté touchant leur Art, leſquels leur ont eſté confirmé de temps en temps, & ſucceſſivement par le deffunt Roy Loüis le Juſte notre tres-honoré Seigneur & pere, que Dieu abſolve, par ſes Lettres du mois de Novembre 1620. Nous ſuppliant tres-humblement les vouloir auſſi con-firmer, approuver, authoriſer, homologuer, requerant à ces fins nos Lettres néceſſaires : Sçavoir faiſons que Nous incli-nant liberalement à ladite ſupplication, & voulans favorable-ment traiter leſdits Supplians : A ICEUX POUR CES CAUSES, & autres à ce Nous mouvans, avons approuvé, confirmé, authoriſé & homologué, & de noſtre grace ſpéciale, pleine puissance & auctorité Royalle, approuvons, authorisons, confirmons & homologuons par ces présentes tous & chacuns lesdits Statuts, Ordonnances & Reglemens concedez par les feus Rois nos Prédecesseurs ausdits Jurez & Maistres Lapidaires, Tailleurs de Diamans, Rubis, Safirs, Esmeraudes, & toutes autres sortes de Pierres précieuses & naturelles, & ausdits Tailleurs de Camayeulx, Graveurs & Cristalliers ouvrans esdites Pierres précieuses & naturelles : Voulons qu'ils sortent leur plein & entier effet, pour en joüir par eux & leurs successeurs audit Art pleinement, paisiblement & perpetuellement, & en la mesme forme & maniere qu'il est porté par leursdites Lettres du mois de Novembre 1620. & que leurs Prédecesseurs en ont cy-devant bien & deuëment joüi & usé, & qu'ils en joüissent & usent encore de présent. Si donnons en Mandement à nos amez & feaux Conseillers les Gens tenans nostre Cour de Parlement à Paris, & à tous nos autres Justiciers & Officiers qu'il appartiendra, que de nos présentes grace, confirmation, approbation, & ratification, & du contenu cy-dessus ils souffrent & laissent lesdits Supplians & leursdits Successeurs à l'avenir joüir & user pleinement & paisiblement, sans permettre ni souffrir qu'il leur soit fait, mis ou donné ores ni pour l'avenir aucun trouble ou empeschement au contraire : lequel si fait mis ou donné leur avoit esté ou estoit, ils le réparent, ou remettent, ou fassent réparer & remettre au premier état & deub. CAR tel est nostre plaisir. Et afin que ce soit chose ferme & stable à toujours, Nous avons fait mettre nostre Scel à cesdites Présentes. DONNE' à Paris au mois de Mars l'an de grace mil six cent soixante, & de nostre Regne le dix-septiéme. Signé, par le Roy, DENIS.

Regiſtré au Greffe des Expeditions de la grande Chancellerie de France le 3. Mars 1660. par moy Conseiller-Secretaire du Roy, & Greffier desdites Expeditions. Signé, DU CHEVREUL, avec paraphe.

www.ingramcontent.com/pod-product-compliance
Lightning Source LLC
LaVergne TN
LVHW021152200726
843510LV00001B/321